Luzifers Kindergarten
Verse in Gnosis

Bibliographische Information Der Deutschen Bibliothek:
Die Deutsche Bibliothek verzeichnet diese Publikation in
der Deutschen Nationalbibliographie; detaillierte
bibliographische Daten sind im Internet über
<http://dnb.ddb.de> abrufbar.

Alsoufi, Jérôme:
Luzifers Kindergarten
Verse in Gnosis

© 2008 Jérôme Alsoufi
Alle Rechte vorbehalten

Kein Teil dieses Werkes darf ohne schriftliche Einwilligung
des Autors in irgendeiner Form reproduziert oder unter
Verwendung elektronischer Systeme verarbeitet,
vervielfältigt oder verbreitet werden.

ISBN 978-3-00-024783-5

\newpage

\begin{poem}

{Freiheit}

Hast jemals du die Freiheit

des Lebens in dich aufgenommen?

Hast jemals du geöffnet dich

Zigeunerwagenzauberei?

So tritt denn also ein in mich

die Dunkle Seite deines Herzens

und halt bereit dich zu verlieren

in schönen, geilen Schmerzen

\end{poem}

\newpage
\begin{poem}
{Luzifers Wonneproppen}
Bockshufe, Zigeunerblut
Ich rufe dich Groß Baphomet
Wild und räudig tief im Walde
Wartest du auf meine Worte
Springst behände aus dem Dickicht
Um meinen Körper zu beleben
Ein gelbes, kaltes Schuppentier,
erfüllt den Wunsch mit irren Blicken
saugt an schwarzen Isis Eutern
die Wolfsmilch böser Menschenbrut
\end{poem}

\newpage

\begin{poem}

{Tiefe Gründe}

Ich habe Lust Feuer zu entfachen

Bei akuter Waldbrandgefahr

Ich habe Lust dem Rausch zu erliegen

Auf Teufel komm raus den Tod zu verführen

Die Masse des Wahnsinns gereicht mir zum Vorteil

Extrareale Verarschung des Denkens

Hoch lebe das Leben post mortem im Staube

Mit allem Verlaub ersteig ich den Thron

Aller Ungemach, trächtig vor Schicksal

Und gebräunt in der Sonne der Unterwelt

\end{poem}

\newpage
\begin{poem}
{Ruf nach Gnosis}
Blutrünstig und geil räudig
Schwarze Seele sucht das Licht
Geboren, um sie zu beflügeln
Liebe, Weisheit neu zu lernen
Tanzt der wilde Ziegenbock
Den kosmischen Paradetanz
Gebärt das Chaos aus den Lenden
Seine Schritte Bockshufstepptanz
Durch ein dunkles rohes Leben
Wer lieben will muss Böses tun
Um sich vom Trugschlusse zu lösen
Dass Dummheit selig machend ist
\end{poem}

\newpage
\begin{poem}
{Satanisches Ritual}
Besinne dich Magier, zurück zu dir selbst
Wer warst du, wer wirst du heute denn sein?
Dein blutiger Penis geritten von Hexen
Im Einklang mit deinen dunkelsten Kräften
Erwachse zu Großem und mach dir nichts vor
Der Weg bedarf Chuzpe, so opfere mir,
dem Einen, Gehörnten mit Bocksfuß geboren
so lass dich wild nehmen und folg meiner Spur
Geheimrituale mit Knochen und Blut
sind mein Alphabet infernalischer Glut
So zaubere also den Feisten herbei
Und wandle belustigt durch Feuermeere
Symbole und Macht sind ein starkes Gespann
Die Bestie verkleidet sich heut wie ein Mann
Fickt was sich bewegt und lechzt weiter nach mehr
So nähre sie denn mit Gedanken des Wahns
\end{poem}

\newpage
\begin{poem}
{Engelbarbarenlitanei}
Alles arbeitet unter der Sonne
Sogar die Engel können's nicht lassen
Entschuldige Gott ich gehör nicht dazu
vermisse durchaus das Arbeiten nicht
Gedanken strickend will ich euch stoßen
Mit verbotenen Schnäpsen aufs Leben anstoßen
Hirnwütige Schreie ausstoßen wie Bestien
Auf Todesflügen durch eure Welt gleiten
Und stinken wie alte wilde Barbaren
Kommt Brüder besteigt eure Schwestern von hinten
Wie Räudige Hunde im Tollwutwahnfieber
Das Kampfgeschrei lockt uns raus aus den Gräben
ins Kreuzfeuerleben verlorener Schlachten
Immerzu schlachten die Bässe der Wollust
Das geile Todeselysium aus, und gebären
Nachtschattenwesen aus menschlichen Knochen
Die feiern und herrschen als ob sie es wüssten
Dass einzig und allein die Weiber regieren
Während die Christen Gott sodomisieren
Das Christkind post mortem zum König erklären
Die Tücke der Heiligen Hure Maria
Ein himmelschreiendes Ohnmachtsgelübde
\end{poem}

\newpage
\begin{poem}
{Gurdjieff}
Der Mensch ist Futter für den Mond
Frönt dem Monster Schicksal Erde
verschlungen und am Ende aus
gespuckte Wesen, Lebenstanze
Todesarbeit an der Grenze,
in fahlem Lichte neu erschaffen
archaisch alte Seinszustände
majestätisch einen Kräfte
Riten neuer Einsichtsweise
Unendlichkeit aus frühen Zeiten
Führt den großen Hochzeitsreigen
Geburt wird so zur Wechselseele
Erkenntnisquelle der Katharsis
\end{poem}

\newpage

\begin{poem}

{Bewusstseinserweiterung}

Chemie des Bewusstseins

Verändert, erweitert,

entstellt und verloren

Bewusste Schocktherapie

Wider die taube Gefälligkeit

Hinein ins Blut geflossen

Injektionsnadelheiligtum

Schreckliche Befreiung der Sinne

Ekstase des Raubtiers

Wiedergeboren in die Verwirrung

Prometheische Inkarnation

Göttliche Feuerdiebe

Ambrosiavergiftung

quälende Verlockung

obskure Faszination

wiedererlangt in den Mythen

der Ältesten Rasse

\end{poem}

\newpage
\begin{poem}
{Zerstörungsfreiheit}
Zigarette blauer Dunst
Wo alle Furcht gerinnen will
Mir zuschauen bei der Selbstzerstörung
Tabak Heilig Todesnahrung
Mein Gott bin ich ein irrer Trottel
Weiß zu genießen alle Laster:
Die Drogenkunst, den Sinnenwahn
Und all die dumme Herrlichkeit

Ein Leben auf der Erde Eden
Ohne Zäune, freie Gärten
Befinde mich an einem Punkt
Wär' lieber ganz woanders
Glück schreit: Zurück!
Nicht weiter, du wirst fallen
Müde grinsend Eier kraulend
Antwortet da der Ziegenbock:

„Du kennst die Regel, immer weiter
Nimm Abschied von der Mäßigkeit"
\end{poem}

\newpage
\begin{poem}
{Hitzevollmond}
Vermaledeite Vollmondzeiten
Das Ego ist jetzt viel zu stark
Franziskaner Kriegsbaukasten
Jeder lebt für sich autark

Freundschaft hat im Angesicht
Der Vollmondzauberei nicht viel
Bedeutung, und Gewissen setzt
Man allzu gerne mal auf Spiel

Vollmondritus, Juninächte
Die längsten sind die einsamsten
Wo Hitze schutzlos brennt und sengt
Kennt niemand mehr Erbarmen

Das kühle Nass wird hier bereits
Zum ganzen Wonneheil und ist
trotz allem nur zur Hälfte gut
solang nicht Bier in Strömen fließt

Prompt ist Freundschaft wieder da
Mitteilen ist Saufen, und Teilen ist rar
Drum werden wir uns aneinander vergehen,
und Tücken wie Tadel noch einmal bestehen

Vollmondnächte machen einsam
Allein zu zweit spielt keine Rolle
Nur nebenher wird man die volle

Macht des Egos überwinden

Im Freunde find ich meinen Feind
Der Zwietracht einsteckt und vereint
Die Schwarzweißrollen alter Filme
Einer Dichterraumfahrtgilde

Realismus lebt und strebt
Unbewusstes nie vergeht
Wenn wir fließen, atmen wir
Sei's drum, ich trink noch ein Bier
\end{poem}

\newpage
\begin{poem}
{Waldgeist}
Wenn man das Gefühl hat man müsste auf allen Vieren
Keck und verspielt durch die Wälder marschieren
Verheimlichten Rosen eine Laudatio sprechen
All Zweifel für einmal hart übers Knie brechen
Stadtgeist war mir Zucker, doch er schmeckte zu süß
Nun schreit ich über Moos und wasch mir die Füß'
Waldelfen pressen Nektar aus reifen Kirschen
Während sie frech durch die Baumwipfel pirschen
Ich will wie ein Faultier mein Leben verschlafen
Wie der Waldgott im Dickicht das Rätsel erraten
Nun bietet mir Circe, ich sollt aus ihr schlürfen
Den Honig des Lebens aus ihrem Herz schürfen
\end{poem}

\newpage

\begin{poem}

{Heimweh}

Kleines Kaffeetischgemetzel

Hier entscheidet sich das Schicksal

Gefüllte Aschenbechergötzen

entleeren meinen bösen Geist

Samen zwischen feuchten Schenkeln

Penis wund wie Wüstensand

Viel gelesen und den Büchern

entsteigt nur noch aschfahler Rauch

In müden Staubpartikeltänzen

bricht die Abendsonne Lichter

einer wilden Heimatschönheit

genießbar nur für Heimwehdichter

\end{poem}

\newpage
\begin{poem}
{Kosmischer Derwischtanz}
Tanze, Derwisch, drehe dich
Und ehre deinen Seelenadel
bewusste Geilheit leben, sterben
zehntausendfach verausgabt werden
deine Mühen reich belohnt
soweit du in Verschwendung schwelgst
Derwisch, trage unters Volk
jene große Grausamkeit
vom Ewig Kosmisch bösen Tanze,
der alles umkehrt, neu gebärt
Strukturen aus den Angeln heben
hier setzt du deine Lanze an
und brichst sie ein für alle mal
für Tanz und Wein und Heiterkeit
Nichts ist wahr und alles ist
Erlaubt, sieh dich nicht um und
schaff das Große Werk aus dir
In dir ruht alle Macht der Welt
Sei mir ein Profikiller dieser
Seichten dummen Dämlichkeit
Sei mir ein Profi der Ekstase
Und beschwöre Herrlichkeit
Dein Leben ist nichts weiter als
Huldigung der Großen Mutter
durch ihre hohe Kunst veredeln
wir die schwarzen Energien
Derwisch, sei ein Eingeweihter
in der Kunst des Größenwahns

und schaffe Werk aus reiner Liebe
veredelt durch Zerstörungswut
Verwandele jeden Ort der Menschen
in einen Ort der großen Weihe
und tanze, trinke, konsumiere
Drogen, Blut und Sinneswahn
Auf dass noch deine Hingabe
Den Teufel selbst zu Tränen rühre
 \end{poem}

\newpage
\begin{poem}
{Klagelied}
Das Spiegelbild lecken, die Kälte gewahren
Noch einmal dem göttlichen Wahnsinn erliegen
Komödie der Sinne, betäubt mich mit Drogen
Will keinem der Götter mehr Rechenschaft zollen

Liebe macht müde, der Körper ist gierig
Böse Gelüste versengen die Seele
Sex ist die Chaosdoktrin der Natur
Für sie ist das Ficken der heilige Gral

Die Geißel der Menschheit, die Freiheit zu wissen
Dass wir existieren, um endlich zu sterben
Zu sterben, beenden, ein Leben, für immer
Sex gebärt Chaos und Chaos ist Tod
 \end{poem}

\newpage

\begin{poem}

{Baphomet Lobpreis}

Ein paar Gedichte entkorken
Wie guten Rotwein saufen
Die Muse umschlängelt
Mich leise und Weisheit
Durchströmt heut mein Gemüt

Es kam der alte Mann zu mir
Daher geritten auf Melchior
Dem Esel der Götter, tat Kunde
von gewaltigen Eutern,
die gesaugt werden wollen

Wir saugen die Göttermilch,
kosten Ambrosia, Gift dieser Welt
Im Weib, im Wein und in den Drogen
Wir durchleben das Chaos
Der Schöpfung am eigenen Leib

Das gekreuzigte Lamm
Schrei am Spieß der Einfalt
Armselige Bemühung um Stil
Wo es doch nur darum geht
Mit einem Lächeln zu sterben

Weinumrankter Baphomet
Schlangen zischen Ehrerbietung
In deine Reiche dring ich ein
Wo dunkle, grüne Sonnen scheinen

& mich im Tod mit dir vereinen
\end{poem}

\newpage
\begin{poem}
{Kerzen der Einsicht}
Besamte Heiligtümer
Götzen der Ehrfurcht
Grabtänzer gebären
Ihre Kinder im Mondschein
Schlangenbeschwörer
Erkennen die Schatten,
um hundertprozentige
Reinheit zu finden
Chemische Konstante
Die Wandlungsmaterie
Verbrennung der Seele
Lebe Fegefeuerträume
Niemals wirklich dahinter
steigen, die Frage „warum?"
einfach Außer Acht lassen
Ignoranzheiligtümer
Tief in den Dschungeln
Im Dickicht der Sehnsucht
Die Jagd nach dem Drachen
Lauf gegen die Zeit,
es wird nie mehr sein
wie es war ist vergangen,
ganz unwiederbringlich
verloren, gegessen
Zurück in die Tempel
Reflektiere den Satan:
Jesus als Geliebter
der dreckigen Hure

Nur Kerzen der Einsicht
Entzünden die Feuer
Sterben als Ausrede
Das ist der Sinn
 \end{poem}

\newpage
\begin{poem}
{Mondherren}
Finstere Dämonenherrschaft
Wo Menschen Selbsterkenntnis wagen
Bleibt nichts übrig als den Drachen
In Höllenwinden steigen lassen

Beseelte Schatten streifen irre
Durch widerliche Häuserschluchten
Wahnsinn, Panik packen meinen
Körper eng im Würgegriff

Herbst und Krankheit, rote Blätter
Kündigen vom Untergang
Eines gut gemeinten Lebens
Voll Verschwendung hingegangen

Da nähern Herren, Dunkelmänner
Sich dem hoffnungslosen Opfer,
impfen, schwören, zaubern, heben
alle falschen Sorgen auf

Angekommen, aufgenommen
Orden deutscher Lebensquell
Blut und Boden schmecken frischer
Als die bunte Plastikwelt
\end{poem}

\newpage

\begin{poem}

{Baphometzwinkern}

Tierhaft weise

Lächelt leise

Satan mit den Eselsohren

Schaut herüber

Zwinkert lustig

Macht die Gedanken

Loszulassen

 \end{poem}

\newpage
\begin{poem}
{Urmachtgelächter}
Braver Sound im Abyss
Engelsstimme, taube Ohren
blut'ge Bilder ganz entstellt
von triefend feuchter Lust
spring rein, suhl dich darin
wie ein weises Raubtier
Katzengleichbetrunken
Sinnverwirrt, entleert
Armageddon im Herzen
Holocaust auf der Stirn
\end{poem}

\newpage
\begin{poem}
{Untergangsfantasien}
Todesschützeneinsamkeit
Wir bleiben unsern Fehlern treu
Sonne blendet Traurigkeit
Und Herbstlicht spiegelt Biergebräu

Messers Schneide Totentanz
Romantik leckt den letzten Glanz
Von dominanten Spiegelfratzen
An der großen Wahrheit kratzen

Alles Übung letzter Reste
Sonntag, Kindergartenfeste
Hohe Himmel tragen Düfte
Späten Sommers, Grillgelüste

Schwängern unsere Lebensliebe
Macht die Existenz komplett
Beleben unsre Kindertriebe
Gemeinsam bis ins Totenbett
\end{poem}

\newpage
\begin{poem}
{Mannigfaltigkeit}
Wer bist du, der du dich
so vielfältig zeigst.
Mannigfaltige Formen,
unendliche Kraft,
dein ständiges Werden
ist leises Vergehen,
und unentrinnbar
wie der Tod bist du
die Quelle allen Lebens.

Wer bist du, der du dich
neu formst und spaltest
in unendliche Prismen
und Farben, Licht und
Schattenspiel der Ewigkeit
und Spiegel allen Seins

Wer bist du, Meister
nur durch Raum und Zeit
begrenztes Wellenspiel der Zeiten,
Gezeitenglanz am Strand des Daseins,
ziehst hinab du alles Leben
in urgründliche Tiefen, Denken,
Träume, hinter Wasserbrücken,
bergen Meere deine Macht.

Wer bin ich, Wesen, abgespalten,
bin doch eins mit allem und

ein Teil von dir, verbunden in
Körper, Geist und Sterben.
Feuer bin ich, kurz verbrennend,
um bald in deinem Schoß
für immer zu verlöschen.
 \end{poem}

\newpage
\begin{poem}
{Untergangsglocken}
Festsitzen wie die Made im Speck,
Dreckslocharbeit, Arsch des Geldes
lecken, kriechen, heucheln, sabbern
unbestimmtes Jedermannsleben
Glaspalastfürze und hehre Versprechen
zerbrochen der Wille zu eigenem Schaffen

morgens, Wecker klingeln, fallen
aus den Betten alle Hoffnung
duschen, schniegeln, haare Gelen
Bürohengst wiehern, Zeitung lesen
dumm auf Bildschirmflackern starren

aktive Befreiung, Weltuntergangsglocken
Gefängnis verlassen, die Pforte steht offen
sperrangelweite Chancen wittern:
kündigen! jetzt, und was sinnvolles machen,
geh, zieh hinaus, und komm nicht mehr wieder
\end{poem}

\newpage
\begin{poem}
{Lilith}
Komm in meine Arme, Bruder
Gefall ich dir in Evas Kleid?
Du weißt ich bin die große Hure
Illusionentodtraumhexe
Muttererde Jauchegrube
Komm zu mir & leg dich nieder
Tritt ein in meinen nassen Schoß

An wilden Mondsterneutern saufen
Ich bin betrunken, Sehnsucht schwindet
Wo ich gleich Ambosssenkblei sinke
Ganz tief in dich Mariengraben
Und bade mich sodann im Schweiß
Ganz nackt in deiner Sommerlust

Friedensnutte aufgenommen
Hinein in deine Spalte fall ich
Abgrundritze, Kriegskadaver
Aufgetürmt in Moorsumpfhitze
Weit geöffnet, irre Löcher
Todesgrinsen, wenn der letzte
Spaß am Galgen baumeln heißt
 \end{poem}

```
\newpage
\begin{poem}
{Fickmichblicke}
Da war er dieser Fickmichblick
Einer braunen Frau und Fotze
Achtung, fertig, los wir Männer
Appell zum Beglücker
Ejakulationserfüller
In vivo Masturbation, der
Mösenritus, alt und edel
bannt mit Blicken, Sommersprossen,
keckem Strecken, kurzer Hautschau
Augenschließen, ahnen lassen
Nach freiem Belieben,
der Sport für den Körper
Nichts als der Körper
Macht mich so irre
 \end{poem}
```

\newpage
\begin{poem}
{Pubis Vulva}
Sechzehnjährige Sommerphantasie
Entkleidet sich langsam und sanft
Jungfernschweißgebadet raunt sie
Unerfüllte letzte Unschuld,
Abendbrise nach flirrender Hitze
Geöffnete Fenster, die Laken ganz frisch
Einsam und berstend vor Blüte
Kelch voller Nektar, doch ungeschröpft
Legt sich nieder, leise, nackend,
unbekannter Sehnsucht Opfer und
Breitbeinig, ahnend
was dieser Sommer bereithält,
weil Abendlüftchen
ihre Vulva liebkosen
 Jungfernhäutchenfantasien
bald geschlechtsreif an der Schwelle
schnell entführt in dunkle Büsche
jauchzend stöhnen mischen Schreie
sich mit Jungfernblut & Tränen
sapere porno, habe den Mut
alles mit dir machen zu lassen
ich nenne dich Ode an meiner Seite
verloren, entführt & geschändet bereit
für den Krebsgang der Nymphe
jetzt bist du soweit, lässt sie fließen
die Säfte, und weibliche Kräfte
vermischen sich stolz mit dem Atem der Hure
\end{poem}

\newpage
\begin{poem}
{Italienische Hochzeitsnacht}
Nährboden postkoitaler Jungferntrauer
Hochzeitsnachttränen für räudige Hunde
Überfallen wie Bestien das rote Fleisch
Reinbeißen, festbeißen, trinken die Mensis
Wortlose Scham für den Vater der Braut
Seinen schützenden Armen entrissen und
Übereignet dem Schlund italienischer Ehe,
die Ehre ist hin, der Mann ist ein Monster
was bleibt ist der Rausch, das Besäufnis, das Koma
Der Vater trinkt, um den Verlust zu vergessen
Die Braut tut es, um den Schmerz zu betäuben
Der Gatte lacht sich müde ins Fäustchen
Dann ward er gefunden, der Schlüssel, die Pforte
Und die Braut findet Einlass in purpurne Himmel
Das Beste, was ihr geschehen konnte:
das Messer, die Ader, das fließende Blut
Aus Wunden gleich Christi läuft heiliger Saft
Ein Ave Maria trocknet die Tränen
Italienische Ehe im Himmel geschlossen
\end{poem}

\newpage
\begin{poem}
{Stalinmöse}
Liegt stolz an meiner Flanke
die Löwin, gebändigt und voll
Ungeküsster Liebespracht
Die ungekrönte Königin

Mit Lippen, sanft, Arkadien
Liegt ihrem Lenin zu Füßen,
Lässt sich nicht nehmen
Nie ganz ergeben, die Hadere

Filigrane Erlkönigtrauer
Schmeißt um sich mit Weidenreizen,
angefasst und nicht willig
dann brauch ich Gewalt,

hart wie das Schicksal
bedient sie der Soldat
und ihre entfesselte Möse
wie eine Stalinorgel knallt
und knallt und knallt
\end{poem}

\newpage
\begin{poem}
{Schlangenzunge}
Meine Augen schauen böse
Blicke schlangengleich verschlingen
Mit süßen Zungen leck ich Säfte
Direkt aus deiner Zaubergrotte

Gebannte Stille, nur das leise
Stöhnen deiner Lenden, Nerven
Reichen aus, um deinem Glücke
Vollumfänglich zu genügen

Verfangen Haare sich in Wäldern
deiner schamentleerten Röte
rauschen wir gleich wilden Ahnen
Satt durch finstre Inkareiche

Atem, Odem, Hauch und Blut
durst soll die Götter gütig stimmen
unser Schmatzen steht im Ein
klang mit dem Rhythmus der Natur

Angeschlossen mit dem Munde
An deinen feuchten Cervixschlund
Junge Säugetiere stehen ganz
Im Dienste dunkler Majestäten
\end{poem}

\newpage

\begin{poem}

{Walderdbeere}

Überreife Walderdbeere

Berstend gefüllt mit dem Nektar der Sonne

Bereit zu fallen vom Strauche der Mutter

Dem Urwald ergeben, zu eigen gemacht

Im Reigen der Jahreszeiten ohnmächtig

Geworden vor Ungeduld eines Bisses

In dich hinein, da spritzen Säfte

Süß und sonnig, zu meinem Glücke

Sommerwälder duften trächtig

Wollen Samen neu gebären

Feuchte Erdbeertrunkenheit

In der Vulva steckt die Blume

Bereit den Pollen aufzufangen

Erdbeermündersüßigkeit

\end{poem}

\newpage

\begin{poem}

{Kinderseelenhurerei}

Die rote Königin der Nacht

Hat mich um den Schlaf gebracht

Wild reitet sie den Hexenbesen

Satansstöhnen nie genesen

Ist ihre feuchte Höllengier

Windet sich und schreit nach mir

Umfasst ihr Wollen mehr als Kinder

Liegen Felder brach und wüst

Und warten auf den Sämann, der

Ihr ungestilltes Feuer erntet

Reife Früchte auspresst, tötet

Sie am Ende allen Schmerz

Durch Lähmung ihrer Kinderseele?

\end{poem}

\newpage

\begin{poem}

{Erotomanie}

Sie schwärmt und schwelgt in Phantasien
Braucht die Wärme seines Körpers
Erotomanische Fickhengstbegattung
Er schiebt ihn ihr von hinten rein
Immer wieder, sie liebt diesen Bock
Die böse, grausame Samengewalt
Sprengt ihre Fesseln, öffnet die Blume
Das Chakra der Mutter, die heilige Pforte
Der Eingang in orgiastische Sphären
Wird den Bocksfüßigen niemals verwehrt

Babylon, tausendgesichtige Hure!
Ich schreie ob deiner dunklen Magie
Mit Fangarmen umschlingst du mich
Wickelst mich auf, bettest den Stecher
Niedergestreckt vor deiner Blöße
Die prall geschwollene, tropfende Blüte
Hinein, ich gleite hinein und mein Pfropfen
stopft alle sündigen Löcher in dir
Eins nach dem anderen herrlich gestoßen
Und hernach in tödlichem Koma versunken
\end{poem}

\newpage
\begin{poem}
{Schwarzes Mädchen}
Komm, komm her du süßes Mädchen
zu mir, dem Penner, werd dich lehren
zu kosten meine Einfachheit
vermählt mit deiner Süßigkeit
lass uns in tiefe Wälder gehen
zwischen Bäumen ungesehen
das Spiel der Liebe, brünstig ficken
und all' Moral zum Teufel schicken
\end{poem}

\newpage

\begin{poem}

{im Unterholz}

Umschlungen

Wie Schlangen

Als Kinder in Wäldern

Wo wir einst lernten

was Freiheit bedeutet,

die stechende Lust

Dahinter begreifen,

Berauscht und verloren

Erstmals gespürt, was

Leben und Lieben

tatsächlich bedeutet

 \end{poem}

\newpage
\begin{poem}
{Katholikenarschsexkommunion}
Katholiken zum wahren Glauben bekehren
Zielsicher zwischen die Hüften geschossen
Die Körpertemperatur mit Bier regulieren
Auf Sommerspielwiesen das Herz ausgegossen

Flasche Rum gekauft und zu Tode gesoffen
Das Arschloch weitet sich da ganz von selbst
Klaffende Kathetererlösungsbegattung
Vor Trübsal gerettet in Liebe zu zweit

Geheimnis der Brüder, warme Instinkte
Intuition führt zum Nordpol verlorener Güte
Dein Arschloch, so herrlich wie blutige Steaks
Hinein gestoßen und gespalten wie Butter
 \end{poem}

\newpage
\begin{poem}
{Sehnsucht für Alle}
Abstieg durch die Wolken herab
Gerädete Seele, ein flammendes Rad
Das aus sich selbst heraus rollt
Und in sich selbst hinein fällt
Johannisnachtstrohfeuer entflammen die Nacht
Neblig trüb locken die Sucht und die Sinne
archaischer Riten uns fort in die Wälder
Bebend vor Furcht ob der Sonnenblutwende
Genießen die Geister den Choral der Toten
Und laben sich Fliegen am Angstschweiß der Meute
Zecken hageln gleich Bomben auf Kinder
Wildbraten schmoren inmitten der Flammen
der innere Teufel hat Ausgang bekommen
die Engel der Demut wurden kastriert
dran vorbei gedacht und mitten hinein
ins Herz der uralten Sehnsucht getroffen
hinters Licht geführte Respektsfantasien
möge die Blödheit der Weisen uns leiten und
die scharfsichtige Bosheit uns nimmer belangen
mögen wir Wonne geleitete Kälber sein,
blökend auf dem Wege zur Schlachtbank
\end{poem}

\newpage
\begin{poem}
{Aguirre}
Die Söhne der Sonne kommen auf Flößen daher
Sie fahren in den Tod auf der Suche nach mehr
Gold und Ehre und dem Ruhm der Entdecker
Dabei sind sie nichts als Zwangsvollstrecker
Menschen, die Götter schwängern, der große Verrat
Lasst uns begehen die unheilige Tat
Nur einmal sind wir Zeugen der großen Natur
Wir folgen gleich Jesus der goldenen Spur
Schafherden geführt in den sicheren Tod
Der Zorn Gottes ist unser flammendes Lot
Uniformierten Wölfen ist nicht zu vertrauen
Im Machtrausch wartet unendliches Grauen
Jungfrau Maria, komm her, lass dich nehmen!
Wie lang schon muss ich mich nach Hochverrat sehnen
Den Wahnsinn des Adels entdeck ich in mir!
Dieses Kommando nährt all meine Gier
Deserteure erschossen, Hasardeure geehrt
Hängt höher die Pfaffen, das wird uns gelehrt
Gott ist die Angst der Ahnen vor sich selbst
Vertrau deinem Mut, wenn du tiefer fällst
Chuzpe beweisen nur die Söhne der Sonne
Pestbeulen forcieren die Kirchenbauwonne
Angesichts meines Todes, dies sei mein Wort,
Kann ich entwachsen dem dunklen Abort
meiner Sehnsucht nach Goldweibchenhuren,
meiner Angst vor urweltlichen Spuren,
um heimzukommen zu wahrem Befinden:
Leere, und schließlich einfach verschwinden

Als letzter lebendig stehst du voller Hochmut
und fühlst dich zu groß für die Menschenbrut
\end{poem}

\newpage
\begin{poem}
{Nosferatu}
Dunkle Bilder, Schrecken bergend
Evoziert von Teufelsfratzen
Jägerseelen morden Kinder
Für das Heil des Überlebens
Unheil bangend strotzen Jungfern
Aller Blutlust Macht, und trachten
Nach Erlösung durch die Schnitte
Des Menschenfreundes Sensenmann
Doch wo der Tod sich selbst entmachtet
liegt alle Zeit jenseits von Fristen
Gottesgnaden abgeschafft, wo
Ketzer leblos sich versammeln
Säen Pesthauch, Leid und Wolfsmilch
Geschlechter tiefer Finsternis
Schattengleich streichen die Geister
Durch Korridore der Vernunft
Schöpferkraft ist angesichts
der fahlen Brüder schockgelähmt
Wo Tage nimmer untergehen
Herrscht mitleidlose Nacht
Und räumt das Feld für ihre Kinder
Auf dass sie morden, saugen, schlachten
Was Gott dem Teufel übrig lässt
\end{poem}

\newpage
\begin{poem}
{Waldgermanenlitanei}
Sommersonnenteufel strahlen
im Angesicht des Spiegelbildes
Wahre Waldliebhaber pilgern
schrecklicher Erwartung nach
geheimen Dschungelheiligstätten
Vernunftentkleidet, nackt ergehen
wir uns in Großberserkerwut,
entreißen Stämme ihrer Erde
Schmettern heilige Fanfaren
in das Echo tiefer Schluchten
Wildbachfantasien locken
müde Pärchen zur Erholung,
niederstrecken, Mösenlecken,
Planschen orgiastisch geil
die Waldnymphen mit Bacchusknaben,
und selbst die prüden Kobolde
wagen schlüpfrig Stelldichein
Mit dem matschig wilden Moose,
das ächzend, windend sich entblößt
in reiner nackter Weibsnatur
Die Feuer werden schnell entzündet,
Sommerwälder kühlen Lüfte,
die Abendbrise hält den Rausch
jetzt durchaus für angebracht
Giftige Substanzen mischen
Launen, Ängste, Tiere auf
erwecken alte, böse Geister,
die Dämonenklingen schwingen

Wir erfinden weinestrunken
uns in Liebesspielen neu,
aller Scham entledigt tanzen
wir um blutige Lagerfeuer
Im Rhythmus dumpfer Trommeltöne,
ein Gestöhne aus den Büschen,
wo wir einander hart begatten
uns wie Wilde selbst verstümmeln
Noch in den frühen Morgenstunden
ward Dionysos geschunden
Von grausamer Titanenklinge
in fünfzigtausend Stück gehauen
verabreicht den Raben
zum Frühstück als Preis
für die Wonne, verdaut
und entsorgt, übereignet
dem Wald und nunmehr bereit
für große geile Wiedergeburt
\end{poem}

\newpage
\begin{poem}
{Der Übermensch}
Die Mutter der Stürme zieht furchtbar herauf
weckt den Organismus Mensch endlich auf
vorbei die Gefälligkeit, hin zu uns selbst,
den Sternen so nah als ihre Begleiter
geboren zur Schlacht mit dem inneren Dämon
Seelenpein wachsam beobachten, leiden
Bewusst ertragen den Schmerz des Erwachens
Aus Träumen ruft uns die Mutter der Stürme
Stählt Körper und Geist und alle Gefühle,
im jungen Zwielicht des Zweifels gebrochen
Dahin geschmolzen das Siechtum der Erde
Zurückgezogen zur Meditationsexegese
zum Wachsen, zum Reifen wie holde Früchte,
keinem ihrer Zwecke sind wir zu fein und
entsagen dem Teufel ihn neu zu beschwören
wir heiligen Gott, um auf ihn zu pissen
wir sind auf dem Weg zurück in den Urwald
Prophezeiung der Stürme, Vorsehung der Macht
\end{poem}

\newpage
\begin{poem}
{Katz-und-Maus}
In Kriegerschwermut spiegeln Lieder
alle Gram der Freiheit wider
Bestialisch böse Feuertänze
Erwecken alte Niedertracht
Dämonenklauen reißen Jungfern
Blut spritzt im feuchten Morgengrauen
Chaoskrieger stürzen Herrscher
Und Priester geben ihren Segen
Der Magier aller Elemente
Singt das Lied der Ewigkeit
Wo Bomben fallen, spielen Kinder
Katz und Maus mit ihrer Seele
\end{poem}

\newpage

\begin{poem}

{Cernunnos}

Auf Gedeih und Verderb

deiner Welt ganz ergeben

Stehst einsam und mächtig

du Fels in der Brandung

Gehörnte Geburt

archaischer Mächte

großartiges Feuer

für Mutter Natur

die Kaste der Reinen

Katharoi Übermenschen

Bärtige Götter

Bevölkern die Dschungel

Gigantischer Städte

Sonnenuntergang

\end{poem}

\newpage
\begin{poem}
{Gedoppelte S Rune}
Im Fahrwasser der Wehrmacht surfen
Hinter den Linien Bevölkerung säubern
Sicherheitsdienst und im Banne der Lust
Sich mit Totenköpfen zu schmücken

Das Chaos regiert, Macht ist eine Hure
Gibt willig sich dem Meistbietenden hin
Stichflamme zuckt wild aus der Opferseele
Wenn Genickschüsse in die Dämmerung krachen

Ich weine, ein Zeichen, dass ich noch lebe
Das letzte Zeichen von Widerstand brechen
\end{poem}

\newpage
\begin{poem}
{Damaszener Stahl}
Klingen höchster Güte schlitzen
Götzen unterm Kreuze auf;
hart und unbeschreiblich biegsam
kommt der kalte Stahl daher
scharf und grausam aus Damaskus
erobert er die Welt im Sturm
vielbedeutende Gesichter
verborgen unter Turbanen, die
alten, edlen Großblutlinien
pflanzen sich mit dem Schwerte fort
Siegelringe binden Brüder
im Geiste und im Schlachtenlärm
auf edlen schwarzen Rössern reiten
die Arbaber gen Himmelreich
\end{poem}

```
\newpage
\begin{poem}
{Mithras' stählerner Traum}
Zwei Bedingungen bestimmen die Würde
Auf sich zu nehmen des Lichtgottes Bürde:
Die erste Auslese sei die edle Geburt
Befähigt zur Überquerung der Furt
Angekommen am Ufer der Jugend
die zweite Prüfung der Kriegertugend
Mysterienweihe in Mithraskultstätten
die Jugend tritt an ihr Erbe zu retten
Zeugnis abzulegen gewaltigen Mutes
unter der Dusche frisch warmen Blutes
des heiligen Opfers lebendiger Tiere
das rasend sie mache wie rünstige Stiere
Hier erwecken antike Fanfaren
die kosmische Wut der jungen Nachfahren
dem Sieg beizutreten, ihr Erbe zu retten,
Um abzustreifen moralische Ketten
hinaus in die Welt gerufen zum Schlachten
Verpflichtet den Weg der Schönheit zu pachten
Geweiht und gebrannt ihre Körper aus Stahl
bereit zu sterben für den heiligen Gral
Das Feuer der Edlen durchlodert den Raum
Diese Miliz lebt den stählernen Traum
\end{poem}
```

\newpage

\begin{poem}

{Ahnerbeschwur}

Tränke den Geist mit dem Blut meiner Ahnen

Erschaffe durch mich den Lichtthron von Neuem

Verleihe dem Schwert Macht, das ich demütig führe

Erkenne mein Opfer für Shambala an

\end{poem}

\newpage
\begin{poem}
{Libanesischer Junge}
Warum habt ihr mir meine
Kindheit geklaut?
Ich hab in den Abgrund
Der Hölle geschaut
Als eure Bomben
die Träume zerrissen
Das Heil, meine Unschuld
Im Napalm verflossen
Kaputt gemacht,
meine Spielkameraden
Zu Asche zerfallen
Der Vater, die Mutter
Nichts übrig geblieben
Die Sterbende Schwester
Uranangereichte
Streubombenwüsten
\end{poem}

\newpage
\begin{poem}
{Egregore des Terrors}
Das neue Jahrtausend,
das Ende, die Lösung
der Arschreligionen
nur Kriegspropaganda
von innen verschimmelt
der Machtapparat
Gebiert kranken Konsens
bringt niemanden um,
Skandale geschaffen
Die Massen erschlaffen
verblödet und vor dem
Fernseher verdummt
Stundenlang zappeln
im weltweiten Leerraum
elektrischer Netze
gefangen wie Fliegen
von Spinnereien umgarnt
 \end{poem}

\newpage

\begin{poem}

{Fleischordnung}

Standhafte Soldaten fleischlicher Ordnung,

Materie: Schachspiel zahlloser Kräfte

Dämonen säbeln Menschenheere

nieder, metzeln kleine Kinder

Schreie sind der Rhythmus einer

Roten, bösen Tänzerin

Gehörnte Milizen pirschen leise

durch Großstadtdschungel, gefangen

in Körpern, von Muskel und Stahl

getragen verschmelzen die Geister

Jahrtausendjähriger Mythen

in glühend germanischer Esse

\end{poem}

\newpage
\begin{poem}
{Cavalcare la Tigre}
ein Krieger steht hoch oben
auf Gipfeln stark umwehet
die Stürme dieser Zeiten
mahnen zum Aufbruch jetzt!

der Eine in der großen Schar
reitet den Tiger wunderlich
unumstößlich seine Wege
geht er mit stolzer Brust

die Massen schlafen ewiglich
die Ohnmacht sucht sie heim
nach der Geburt in eine Welt
die niemandem gehört

Ritter einer alten Garde
schützen ihren heil'gen Gral
kämpfen sie mit Ahnenstärke
für die Zeit des Übermenschen
\end{poem}

\newpage
\begin{poem}
{Parteitag}
Produzierende Herren der Kraft ihrer Arbeit
vom Führer verpflichtet in ewigen Treuen
Titanisches Stahlwerk der rollenden Panzer
Ozeanische Massen, Kundgebung der Freude

Das Heldische Klima geistiger Hochspannung
Ahnherren Ruhmkraft eroberter Lande
Völkische Junggötter stehen Spalier
Strecken die Arme und leisten den Schwur

Irdische Miliz der siegreichen Väter
Geheiligt in gigantischen Tempeln
Nachthimmel erfüllt durch Lichtorgeln
Der Wahnsinn kann von mir aus beginnen
\end{poem}

\newpage
\begin{poem}
{Traumwelt}
Leben voller süßer Tücken
Silbernachmittage küssen
Himmel spiegeln Hitzeflirren
Flirten mit der Sommersonne
so betäubt vor Selbsterfüllung
hier wohnt Pan im Kinderlachen
Spielplatzliebe ist Liebkosung
für verträumten Seelenadel
\end{poem}

\newpage
\begin{poem}
{Satyrikon Bacchanal}
Heut tränkt Wahnsinn mein Gehirn
Blubberblasen edler Zwirn
Frei verkleidet Narrenblöße
Entkleidet Lilith ihre Möse
Unter Büschen keck verstecken
werd ich ihre Blume lecken
Frei geschwind wollen wir es machen
Nimmer mehr ganz losgelassen
Fick ich derbe deine Fotze
bevor ich dann noch für dich kotze
Alkohol, du brauner Saft
gärig, urig weinen machst
Wahnsinnszaubertrank genießen
heißt sich ganz und selbst aufspießen
Satyrikon spricht gerne Griechisch
Scheiße riecht trotz allem tierisch
weise, leise, hintergründig
pocht ganz unverhohlen mündig
die Mondscheinjagd der Dichter
nach purem Wahnsinn lichter
\end{poem}

\newpage
\begin{poem}
{Moosgrüne Chaoseinheit}
Liegt süß verloren in den Auen,
inmitten tiefer Wälder seicht,
im Moose alt Dionysos
und lacht sich mausetot
Winden alte Kräuterfrauen
sich in seinen Weinrebhaaren
wankende Satyrn saufen
taumeln großer Tat entgegen
Nymphenfreude, Weinestrunken
in Mensis geborener
Charme strammer Götzen
im grauen Abendlicht versunken,
sind alle trunken, zusammen
gekommen, gefallen
begleiten mit Inbrunst
Die Orgien der Freien
Epileptische Penetrationen
Widernatürlichster Satanerie
Kantaten des Grauens
Ekstase Multipler Orgasmen
Löschung individuationis
Principii dissolver
arschfick revolver!
\end{poem}

\newpage
\begin{poem}
{Dunkle Eminenzen}
Liebesleben Todesröcheln
Abenteuer Minenfeld
Hager staken dunkle Männer
In Abgrundsonnenuntergang
Springen weise, hängen leise
Sich an hohen Galgen auf
Atmen wilde, feuchte Träume
Aus Mangrovensümpfen ein
Hungrig wie die Meuchelmörder
Stehlen sie sich durch die Nacht
Trachten lüstern nach der Beute
Hinterrücks ermorden macht
Spaß zu überdauern, kauern,
Lauern leise sie mit Wonnen
Gierig nach dem Weibe Ausschau
Halten, harren, schnaufen, scharren
Gleich dem Stiere vor der Röte
Wutentbrannt, grausam entstellt
Rasend bis in Hades Reiche
Sind wir Tiere, Bestien, Götter
\end{poem}

\newpage

\begin{poem}

{Die freie Familie}

Fulminante Kriegsästhetik

Tote Dichter machen Mythen

Affektierte Exegese

Hundsvulgärer Wortkultur

Tätowierte Dichterseele

Raucht Emphasen voller Sinne

Bringt das Leben auf den Punkt

Einer Vielzahl von Legenden

Opiumesser nach Gutdünken

Lassen mit sich Träume machen

Mittellose Falschgeldspieler

ernten eklatanten Reichtum

Weingetränkte Frohnatur

Geduldig wie der Sonnenwagen

Tagein Tagaus Respekt und nur

Dem Tod ein kleines Ständchen singen

Halblebendig Spiegelfechter

Augenblick der Freundlichkeit

Wogegen Lachen mächtig brandet

Gleich Wogen Wellen Stürme bändigt

\end{poem}

\newpage
\begin{poem}
{Sorbas Totenrede}
Komm Bruder, los, wir müssen vergehen
komm Bruder, los, wir müssen einsehen:
Nimmer ist Dasein so gut gelaufen
drum lass uns kretische Weine saufen
wie Ambrosia tränkt es den gierigen Schlund
an gebrochenen Gestaden liegen wir, und
den Meernymphen beim Bade zusehen
lässt nirgendwo mehr Sehnsucht entstehen
Sorbas nennt man mich, das griechische Tier
Bei den Frauen bin ich bekannt als der Stier
mit Hörnern so rot wie Purpur und Blut
Jesus, beim Ficken verbrennt jede Glut
und die Frauen sind ewig mir Weibsbild geblieben
solang bin ich jetzt noch bei keiner geblieben
Kreta ist heilig, hab Kriege beendet
Türken gemordet und Leichen geschändet
Händler und Pfaffen waren mein liebster Feind
hier hab ich Satan und Teufel vereint
in schwülstigen Schwüren die Krone verteidigt
und Apoll selbst durch meine Blödheit beleidigt
jetzt bin ich alt und nicht weise geworden
Jesus, wie bist du doch grausam gestorben!
am Gestade zu sterben ist mir da viel lieber
drum leg ich mich am kretischen Meere nieder
Dionysos du, hab dank für die Wonne
du gabest mir eine rotlockige Sonne
sie war mein Weib und meine Hetäre
ihr gebührte zum Schluss alle Ehre

Ich gehe du Esel, so halt mich nicht auf
Der Vorhang fällt zu wie der Sonnenlauf
\end{poem}

\newpage

\begin{poem}

{Goldkörper}

Schöne böse Unterwelten
Orale Mutterphasen gelten
Hauptsächlich als Ersatz für Liebe
So reite ich den roten Drachen
Inmitten deutscher Kultesstätten
Makabre Buntleutseligkeit
Dionysos tanzt nackt und breit
Vor Trommelbässen in die Knie
Gehen, jeder Trip hat Nachwirkungen
Umbruch, Tobsucht und Gewalten
Wilde kranke Elfen schalten
Alle schwarzen Lichter ein
Das Böse in sich selbst entdecken
Mit Brüdern auf obskurer Reise
Durch altes Drogenwunderland
Inneren Verbrennungen
Grausam erliegen
Als Feuertänzer den Geist
dieser Welt initiieren
Zigeuner Techno Freak Parade
Berlinsommermordsinferno
Drogenweicher Sinneswahn
Absinthkobolde tanzen Reigen
Feuerwasserlichterfeste
Pilze werfen feuchte Muster
Suche nach dem Exitschild
Ausnüchterungszelle, die Liebe
Macht mich trocken und frei

Ordnungsfrüchte sammeln,
Ruhm ernten, Rum saufen,
Drogen bewirken nichts als
gestörte Selbstwahrnehmung
 \end{poem}

\newpage
\begin{poem}
{Seemannslieder}
Hergesehen, aufgepasst!
Neueröffnung, Phantasien
Ein Karneval der Eitelkeiten
Wo Samt und Drogen sich vereinen
Spielt die Todesfidel kecke
Alte, schiefe Seemannslieder
Weitgereiste Träume stranden
In dunklen, alten Hafenkneipen
Geistern wie Klabautermänner
Durch die Gicht in trüben Nächten
Wo Nebel alle Weisheit fressen,
ertönt die Stimme meines Herzens
in schrillen, abgehackten Leiern.
Ängstlich greifen wir zur Flasche
Suchen Halt und Trost im Rausche
Spielen Poker mit dem Teufel,
tanzen um den Sinn des Lebens.
Männer, hört die Weiber klagen
Trotzt ihrer Bequemlichkeit,
Männer, lasst uns zur See fahren
Gegen Stürme aufbegehren
Und endlich heilig Aufbruch wagen
Zur großen Überfahrt nach Eden
\end{poem}

\newpage

\begin{poem}

{Künstlerblut}

Plastikdigitalorgasmen

In steriler Asche schlafen

Abkommen zum Untergang

Jeglicher Wahrhaftigkeit

Freundin, Mantra, Traditionen

Hochmodernes Liebesleben

Wo Hochglanz glitzert flehen lange

Beine weit gespreizt um Einlass

Fick mich Gringo, immer härter

Alle im selben Käfig gefangen

Chatten, zahlen, abspritzen

Zum Zirkus umgebautes Verlangen

Je nachdem wie man's nimmt

Sind nur Clowns wirklich frei

verrücktes Außenseiterleben

Drahtseilakt, Löwenbändiger

Und Künstlerblut, das spritzt,

wenn Messer dich durchbohren

\end{poem}

\newpage
\begin{poem}
{Zirkusbilder}
Wie ernst nimmst du dein Leben, sag!
wonach musst denn streben, sag!
wie ein Clown im Zirkus leb ich
Leben ist mir Bühne, Lachen
einst werd ich sterben, und auch du
wie wichtig ist es dann, sag mir
ob du es ernst genommen hast?

Ein schönes Bild, das wir hier malen
ein Kunstwerk, groß und sinnvoll
darin ein Klecks, so schwarz und hässlich
getropft, gepatzt, das passt hier nicht
so leben die und malen, die
freudig tanzen, Wahnsinn schmecken
und das ganze lustig nehmen
\end{poem}

\newpage
\begin{poem}
{Herbsttag Souvenir}
Mit Gebraus in den Herbst
Frühe Dämmerung abends,
Freudvolle Weisheit
der letzten Natur
Streifzug, auf der Pirsch
nach fallenden Blättern
mit Kameraden, Gitarren,
Musikanten und Gammler
und Rotwein im Anschlag
ein Lied auf den Lippen
auf Friedhöfen sitzen,
Windstille genießen
und dreistderbe Songs
in die Kälte geschmettert,
und wild an der selbst
Gedrehten gezogen
Krähenflüge gedeutet,
dann ward es dunkel,
Einkehr angesagt
In urige Weinkeller,
subterrane Kaschemmen,
bosniakische Wirtshäuser,
verrucht
fressen wie Ochsen
von deftigen Platten,
dazu das Süffige,
Dunkle, die Macht!
\end{poem}

\newpage
\begin{poem}
{Astronauten-Derwisch}
Gleich Astronautenschwebezustand
Im Leeren Weltenraum Erfüllung
Finden, tanzen, ohne Schwerkraft
Fliegen, wie in Träumen singen,

Heiter, ohne Zweifel sterben
Leib und Seele hingegeben
Probandendasein ganz genossen
In Gottes feistem Irrgarten

Raketengleiche Liebe leben
Die Raumstation des Herzens finden
Dreht des Derwischs Dasein sich
Um Gottes Lachen wunderlich
\end{poem}

\newpage
\begin{poem}
{Zigeunertanz}
Komm, schnapp dir Flasche
Sherry, und tanze!
nimm zur Brust dir, die dunkle
rassige Frau,
herbe Zigeuner, rauchige Stimme
lockrufende kehlige
schnalzende Blicke
wirft sie dir entgegen,
verdreht dir den Schädel,
du taumelst, verlierst dich
im Urwald von Haaren.
tiefschwarze Metaphern,
wie Raben, die locken
und rücken die Stühle,
zum Tanz auf den Tischen
Kastagnetten, der klatschende
Rhythmus der Hände im
Wirbelwindtaumel
Der tolldreisten Arie
Der Spielmann zupft weise
An seiner Gitarre,
die offenen Hemden
Der Männer vibrieren
und Schweiß auf der Stirn
Krönt nächtliches Treiben
Matrazen aus Sonne
Betten die Künstler
Am Morgen danach

Wird weitergetanzt
\end{poem}

\newpage

\begin{poem}

{Ungeborene Sonne}

Kleine Künstlerinnensonnen

Wärmen Elterneingeweide

Ungeboren, still und trächtig

umranktes Nabelschnurballett

Augen auf Halbacht, verschwommen

den Existenzialismus schlürfen

vorab im Mutterleib gerinnen

Frühlingslichter wie Orangen

Nächte kalt, gemeinsam kuscheln

Mittags lachen Sommergeister

Einfaltspinselseelenpendel

Schwingt bedächtig hin und her

\end{poem}

\newpage

\begin{poem}

{Beirut}

Spinnenträume krabbeln leise

Durch die Nacht & heiße Schäume

Feuchten Zornes brennen Bilder

In die alten Tempelmauern

Der verruchten Weltgeschichte

Die Steine weinen ihre Tränen

Einschusslöcher in den Herzen

Schmücken dunkle Kriegsschauplätze

Tilgen ihre Gegensätze

Durch alte edle Stammesfehden

\end{poem}

\newpage
\begin{poem}
{Menschenhoffnung}
Raupen sind wir kriechen leise
Über Erdenantlitz, hoffen
Dass wir uns verpuppen, warten
Dass wir Schmetterlinge werden,
in uns große Schönheit tragen,
die wir irgendwann entfalten
Zeit vergeht und allzu oft nur
Werden wir grausam gewahr:
Wir bleiben nichts als Larven.
 \end{poem}

\newpage
\begin{poem}
{Kindermenschen tralala}
Perfekter Blick aus dem Fenster
Präsentiertellerleben
Kaffeehausgewimmel
Sonnenterrasse, bebrillte Einfalt
Klammert sich an den Latte macchiato der Hoffnung
Aufs Gesehenwerden: „hier: ich bin nicht allein"
Blondschopfexfreundin, schwarz gewandet,
Lederjacke, Leggings, Pumps
sonnt sich im Rauch einer Roten Gauloise,
isst nebenbei eine Quiche und blättert
in der neuesten Gala der Eitelkeiten
rausgehen, über die Strasse schlendern,
ihr ein nonchalantes „hallO" hinwerfen,
wie einen Groschen aus D-Mark Zeiten
„und wie?" Floskeln austauschen, „ach was?
Du wirst Vater?", alles Zukunftsträchtig und
Bloß nicht von damals reden,
das ist zehn Jahre her, ehemals
wir waren nur Kinder, doch heute
heute sind wir cool, niemals verlegen
erwachsen in Ehren
also noch eine anzünden, und
Abschied nehmen, man sieht sich
Das Leben ein Dorf, alles Nachbarn
Küsschen, Wange, rechts, links
unsere Gesten sind nur Produkte
ausgeklügelter Kultivierung
vor dem Spiegel eingeübt

im Internet recherchiert,

zurücklehnen, die Sonne genießen,

wir können genießen, sind ja Studenten,

bezahlte Existenzen,

zum Wohlsein geboren,

kultivieren unsere

Frühjahrsdepressionen

 \end{poem}

\newpage
\begin{poem}
{Kinderwagen}
Kinderwagen, rollende Panzer,
einer nach dem anderen,
donnern diese Apparaturen
Deutschen Mutterglücks durch die Strassen,
für Tausende von Euro gepanzerte
Divisionen frisch von den Gebärstationen
ein Markeninferno, Boogaboo
für die Hollywoodstar Nachäffer,
Teutonia für den stolzen Windel
scheißenden Teutonennachwuchs,
sabberndes Futter für die Spaßgesellschaftsfront,
die Städte sind triefende Elternwonne,
die Schwangeren auf dem Vormarsch,
unermüdlich watschelnde
pausbäckige Glückshormone
verurteilen zwangsläufig
alle Gebärunwilligen
zu Depressionen
\end{poem}

```
\newpage
\begin{poem}
{Baphomet Glücksfall}
Geldvater Sorgenfrei sei mein Name,
gestatten: die geile Geburt,
verkörpert und verlebt,
im Luxus des Augenblicks,
wenn Damaszener Stahl dich zerschlitzt
wirst du wachgerüttelt, zerstochen
von überweltlichen Augenpaaren,
die ihre Liebe mit gespaltener Zunge besingen.
Feuchter Kadavergehorsam des Weibes,
Jesuitengleicher Abgrund
in hechelnder Leutseligkeit gerinnen
die Worte des Mannes zu Grunzen, Ausdruck
bacchanalischen Vergessens
im Rausch werden wir eins,
bleiben wir keins, niemandem
eine Antwort schuldig
 \end{poem}
```

\newpage

\begin{poem}

{Lob der Ehe}

Kleinkindmomentum, die Ehe in Blüte

Streitwagensturmgleiche Lust auf Bewegung

Schutzstaffellauf in eiserner Ehe

Marschiert das Paar wie geölte Maschinen,

Ehebettsex Atomkraftwerk mächtig

Setzt übermenschliche Energien frei

Mit dem Weibe darauf und daran zu besiegen

Alle statischen Träume am Galgen,

Aufbruch auf die Fahnen schreiben,

auf dass Naturschauspiele uns zum Frieden

des Herzens in großgeilem Wachstum geleiten

www.ingramcontent.com/pod-product-compliance
Lightning Source LLC
Chambersburg PA
CBHW032031230426
43671CB00005B/279